www.ingramcontent.com/pod-product-compliance
Lightning Source LLC
Chambersburg PA
CBHW051326220526
45468CB00004B/1512
* 9 7 8 1 7 2 3 7 6 3 6 9 4 *